AF145691

Antwort vom Universum

www.heilung-fuer-jedermann.de

Brigitte Kröplin

Antwort vom Universum

Dein Weg zu Dir für
ein Leben in Leichtigkeit

Bibliografische Information der Deutschen Nationalbibliothek
Die Deutsche Nationalbibliothek verzeichnet diese
Publikation in der Deutschen Nationalbibliografie; detaillierte
bibliografische Daten sind im Internet über http://dnb.d-nb.de
abrufbar.

© 2013 Brigitte Kröplin
1. Auflage
Alle Rechte vorbehalten
Bildmaterial: Stephanie Kröplin
Foto: Brigitte Kröplin
Umschlagdesign, Satz, Herstellung und Verlag:
BoD – Books on Demand, Norderstedt
ISBN 978-3-7322-7633-2

Inhalt

Der Drache sagt:

Du musst gegen den Wind fliegen,

um die Höhe zu erreichen

(chinesisches Sprichwort)

Vorwort

Über mich

Ich bin 1958 in Ostdeutschland geboren. Aufgewachsen und wohlbehütet in einem kleinen 270 Seelendorf interessierte mich bereits seit früher Jugendzeit die Parapsychologie. Parapsychologie aus dem Grunde, da Spiritualität in der ehemaligen DDR verboten war. Mein Interesse war begründet auf die Erzählungen der Eltern von >>mysteriösen<< Ereignissen und was damals unternommen wurde, um Menschen oder Vieh zu heilen. Mit vorgehaltener Hand vor dem Mund wurden die Namen von weisen Männern und Frauen weitergegeben, wenn Ärzte nicht helfen konnten.

Hierzu einige Beispiele, die sich bei mir einprägten:

Als meine Großmutter schwer krank war, gab jemand meinem Großvater den Rat, er solle zu einer ihm genannten Zeit Weiden schneiden und die Rinde in ein fließendes Gewässer schnitzen, um Heilung für seine Frau zu erfahren.

Ein anderes Beispiel: Gegen das Bettnässen half, dass man die letzte Windel des Bettnässers vor der Beerdigung eines Verstorbenen mit in den Sarg legte. Und auch das funktionierte.

Faszinierend waren für mich auch die übersinnlichen Erscheinungen, die die Menschen wahrnahmen, wenn ein Familienmitglied verstarb. So erschien ein Totenkopf vor dem Fenster einer Frau, als sie hinaussah. Die Wäsche auf der Leine, die sie in ihrer Küche gespannt hatte, wurde wie durch einen Luftzug bewegt. Zur selben Zeit waren im Haus ihrer Schwester laute Geräusche vom Dachboden deren Hauses hörbar. Beim Nachschauen war jedoch nichts zu sehen. In dieser Nacht starb die Mutter der Geschwister in einem Krankenhaus. Für beide war es ein sicheres Zeichen, dass sie vor dem Sterben an ihre Töchter dachte und sich auf diese Weise von ihnen verabschiedete.

Ich versuchte die Psyche des Menschen in dieser Hinsicht irgendwie zu verstehen und las viele Bücher. Jedoch fand ich in keinem Buch Erklärungen für die geschilderten Erlebnisse meiner Eltern.

Das Verstehen im Zusammenhang mit dem göttlichen Glauben – dies' gelang mir absolut nicht, da mein Vater sehr früh verstarb und ich mir Gott nicht erklären konnte.

So sah ich auch keinen Sinn darin und legte meinen Glauben an Gott ab. Meine Mutter war sehr gläubig. Jedoch akzeptierte sie meine Entscheidung und sagte mir, dass sie dann für mich und meine Familie mitbeten würde.

Heute weiß ich, dass sie es immer getan hat. Tiefe Dankbarkeit ist in mir.

Mein Weg zur Spiritualität

Sicher haben auch Sie schon davon gehört, dass Menschen durch ein ungewöhnliches Ereignis, wie z.B. eine Nahtoterfahrung, im Koma liegende Patienten, durch eine lebensbedrohende Erkrankung o.ä. ihren Weg hin zur Spiritualität fanden.

Mein Weg begann mit der lebensbedrohenden Erkrankung meines Ehemannes. Die Ärzte sahen keine Hoffnung. Ich fuhr zu einer Dame, die Menschen mit sogenannten Besprechungen und auch Fernbehandlungen heilen konnte. Obwohl ich diese Frau nicht kannte, war sie meine einzige Hoffnung. Sie machte mir Mut und ihre letzten Worte des Gesprächs waren: Mit Gottes Hilfe werden wir es schaffen.

Ich spürte einen Stich in meinem Herzen, da ich ja schon Jahre vorher mit Gott gebrochen hatte. Ich kann heute nicht mehr sagen wie oft, wie viele

Monate, ich Gott täglich mehrmals in Gebeten aus tiefsten Herzen um Verzeihung und Vergebung bat. Meine Gebete wurden erhört. Der Besuch bei dieser Dame liegt inzwischen über 20 Jahre zurück. Die Diagnose der Ärzte änderte sich jedoch in all' den Jahren nicht. Immer wieder kam es zu sehr kritischen Situationen, schweren Operationen, doch mein Vertrauen zu Gott wuchs immer mehr.

Durch die mir damals von dieser Dame mitgeteilte Behandlungsmethode und deren Ergebnis entstand mein Wunsch, meine Fähigkeiten zur energetischen Heilerin auszubauen.

So war es ein Selbstläufer, dass ich mich mit Gott und den Engel und deren Wirkungsweise bei Heilungen auseinandersetzte.

Indem ich sehr viele Bücher las, mich einer Einweihung in Reiki unterzog, wuchs mein Wunsch stetig.

Ich nahm an verschiedenen Seminaren und Workshops teil und übte mich in der Meditation.

Die Seminare zielten in erster Linie auf die Eigenheilung hin. Die wichtigsten und wohl auch die schwierigsten Themen waren bedingungslose Liebe, Vergebung und Loslassen. Ich lernte, wie wichtig Vergebung ist, um bestimmte Situationen dann loslassen zu können.

Sehr viele Erfahrungen durfte ich durchlaufen und viele Erscheinungen offenbarten sich mir. So sah ich z.B. wie sich aus Wolken Engelfiguren und auch andere wunderschöne Gebilde zeigten. Ich erlangte das Gespür für die Geschehnisse im Leben und deren Folgen. Die Engel schickten mir sehr viele Beweise für ihre Existenz und ich ließ mich im Vertrauen immer mehr von ihnen leiten.

So wurde ich auch zu jenen Ausbildungen geführt, die mir den Weg zur energetischen Heilerin eröffneten. Ich durfte alles erlernen, um bei den Menschen Blockaden, Ängste, negative Glaubenssätze zu lösen und vieles mehr. Mitunter können durch diese Behandlungen sehr viele Krankheiten gemildert oder gar geheilt werden.

So teile ich ebenfalls mit anderen spirituellen Lehrern die Überzeugung, dass jede Erkrankung auf seelischer Ebene ihre Ursache hat.

Weiterhin fiel es mir durch meine angeborene Hellsichtigkeit leicht, die Fähigkeit zu erwerben, Readings zu geben. Auch ist eine Kontaktaufnahme mit den Seelen unserer lieben Verstorbenen möglich.

Die Readings, also Botschaften aus der geistigen Welt jemandem zu überbringen, ist eine wunderbare Erfahrung für mich ebenso wie für den Empfänger.

Die geistige Welt kennt uns sehr genau, indem sie immer einen Rat oder Hinweis für uns hat.

Auch Verstorbene möchten manchmal ihren Angehörigen noch eine Botschaft überbringen. Sie verfolgen das Leben ihrer lieben Angehörigen, sodass sie gegebenenfalls auch einen Rat oder Hinweis für uns haben.

Der Kontakt zu einem lieben Verstorbenen hat schon vielen Menschen bei ihrer Trauerbewältigung geholfen. In dem Wissen darum, dass die Seele des Verstorbenen weiterlebt und wir jederzeit mit ihm verbunden sind, macht es sehr viel leichter, sich von dem Verstorbenen aus dem irdischen Leben zu lösen. Die Gewissheit um das Weiterleben in der geistigen Welt spendet vielen Menschen großen Trost.

Meine Fähigkeit als Übermittlerin von Botschaften und energetische Heilerin sehe ich als meine Berufung an und verneige mich vor Vater Himmel und Mutter Erde in tiefer Demut und Dankbarkeit.

Dᴀɴᴋᴇ

... möchte ich allen sagen, die mich inspiriert haben, dieses Büchlein zu schreiben. Erwähnen möchte ich meinen Ehemann, da ich durch seine Erkrankung meine Berufung erkannte.

Meinen Kindern, die immer ein offenes Ohr für ihre Mutter haben.

Allen meinen spirituellen Lehrern während der vielen Jahre und allen meinen Freunden für die wertvollen Gespräche.

Meinen Klienten, die mir ihr Vertrauen schenken.

An oberster Stelle danke ich Gott, meinen Engeln und lichtvollen Begleitern sowie Mutter Erde in tiefer Demut.

Mein Leitspruch:

Wenn ich in meiner Mitte bin, erkenne ich meinen Lebensplan.

Jede Seele erstellt ihren eigenen Plan für die Inkarnation (jetziges Leben) auf unserer Erde. Als Mensch ist es unsere Aufgabe, diesen Seelenplan zu erfüllen. Dazu zählen unsere Probleme, die es gilt zu überwinden, ebenso wie die Begegnungen oder Herausforderungen und vieles mehr, damit unsere Seele wachsen kann.

Einleitung

Unser Alltag zeigt sich sehr geschäftig. Sei es durch Familie, Kinder, Beruf oder anderen Dingen, mit denen wir uns ständig auseinandersetzen müssen. Die Zeit verrinnt wie im Fluge. Wir haben kaum noch Zeit bei all den Dingen, die von uns gefordert werden, an uns selbst zu denken.

Wenn wir darüber einmal intensiv nachdenken, ist es dann nicht traurig? Wir nehmen uns für so viele Menschen Zeit, aber wann nehmen wir uns Zeit für uns? Wer bin ich überhaupt? Was ist mein innerstes Bedürfnis?

Ich möchte nun in der persönlichen Anrede mit dem >>Du<< weiter fortfahren.

Zu meinen innersten Bedürfnissen zählt u.a., dieses Buch zu veröffentlichen, um Dir verschiedene Möglichkeiten näher zu bringen für ein glückliches und erfülltes Leben in Leichtigkeit

bei höchstmöglicher Gesundheit und Zufriedenheit.

Denn diese Möglichkeit steht jedem Menschen
offen.

Was sind Blockaden und wie entstehen sie

Jede Verletzung, durch Wort oder Tat, kann zu einer Blockade führen. Sei es bewusst oder unbewusst. Sie legt sich in der Aura oder im Körper des Menschen ab.

Auf körperlicher Ebene kann sich eine Blockade z.B. in Krankheitsbildern, Schmerzen, Hautausschlägen, Psychosen oder Nervenleiden zeigen. Immer ist unsere Seele krank.

Da sie auf verschiedenen Ebenen entstehen, können sie schon mit in dieses Leben gebracht worden sein.

Werden Blockaden in einem Leben nicht gelöst, nehmen wir sie mit in unser neues Leben. Machen sie sich bemerkbar, so ist dieses dann ein Teil unseres Karmas. Karma reicht somit in viele andere Leben hinein.

Sollte es Dir schwer fallen, an Vorleben zu glauben, so weißt Du, dass Blockaden bereits seit Geburt da sein können und viele diese als Schicksal benennen.

Die bekannteste Blockade ist meiner Ansicht nach die Angst; auch Wut, Unentschlossenheit, sich unverstanden und nicht geliebt zu fühlen. Negative Gedanken und negative Glaubenssätze wie z.B. - das Leben ist nun mal schwer, ich muss immer kämpfen -, und vieles mehr sind Blockaden, die gelöst werden können, wenn der Mensch bereit ist.

 **Warum sollte ich meine Blockaden lösen**

Diese Frage ist leicht zu beantworten.

Wie bereits erwähnt, ist das Geburtsrecht jedes Einzelnen von uns - und es ist auch Dein Geburtsrecht - ein glückliches Leben in Fülle zu leben.

Dabei ist nicht nur die finanzielle und materielle Fülle zu sehen. Der Sinn der Fülle besteht auch darin, einer Tätigkeit nachzugehen, die Dir Freude bereitet und Du damit Deinen Lebensunterhalt bestreiten kannst und Du Dir Wünsche erfüllen kannst. Fülle ist auch von liebenden Menschen umgeben zu sein. Harmonie innerhalb der Familie, in Zufriedenheit zu leben, gesund zu sein, die wunderschöne Natur mit all' unseren Sinnen wahrnehmen zu können und vieles mehr ist Fülle.

Zeigt sich eine Blockade in Form von Krankheit, beruflichen Misserfolgen, Probleme in der Partnerschaft, mit dem eigenen Kind, Eltern, Freunden, Kollegen oder welcher Art auch immer, dann ist Dein Leben nicht im Fluss. Deine Erkenntnis darüber ist ein wesentlicher Schritt. Denn das Erkennen einer Disharmonie ist die Grundvoraussetzung, um nach einer Lösung und einem Weg zu suchen, der Dir behilflich ist, um somit wieder in den Fluss des Lebens zu gelangen und in die Leichtigkeit einzutauchen.

Nicht gelöste Blockaden kommen immer wieder zu uns in gleicher oder in abgewandelter Form zurück, ob bewusst oder unbewusst. Gehen wir davon aus, dass jedes Wesen, ob Mensch oder Tier, seinen eigenen Lebensplan hat, so hast auch Du Dir, besser gesagt Deine Seele, sich vorgenommen, in diesem Leben ganz bestimmten Situationen zu begegnen, in denen Du Deine Blockaden erkennen kannst.

Leider vergessen wir dieses sehr bald nach unserer Geburt.

Somit offenbart sich eine Blockade/ein Problem in irgendeiner Art immer wieder, bis Du die Lernaufgabe daraus erkannt hast und löst. Bist Du jedoch dazu bewusst oder unbewusst nicht bereit, aus welchem Grund auch immer, nimmst Du dieses in einer gleichen oder ähnlichen Form in Dein neues Leben als Karma mit. Es ist möglich, dass manchmal Deine Nachkommen die eine oder andere ungelöste Blockade von Dir als ihr Karma übernehmen, um diese in ihrem Leben aufzulösen. Hierbei erfolgt dann Heilung auf genetischer Ebene.

Nach Auflösung einer Blockade, also einem Störfeld, kommt der Mensch wieder in den Fluss, d.h. Du lebst wieder in Leichtigkeit. Die Probleme wurden erkannt und gelöst, Situationen harmonisieren sich, und das immer zum höchsten Wohle aller Beteiligten.

Wie kann ich Blockaden lösen

Zunächst musst Du sie erkennen und die Blockade benennen. Erst dann kannst Du Dich für das Lösen der Blockade öffnen. Das heißt, Du vergibst allen Personen, die z.B. vielleicht an einer schmerzhaften Erinnerung beteiligt sind, bis Du die Situation loslassen kannst. Dabei ist es von großer Wichtigkeit, dass Du Dir selbst auch vergibst. Die Vergebung und das Loslassen müssen aus Deinem tiefsten Herzen geschehen.

Wenn Dir die Ursache für Deine körperliche oder psychische Verfassung nicht bewusst ist (warum finde ich keine Arbeit, Partner..., warum habe ich diese Krankheit? o.ä.), sind unter Umständen Readings eine Möglichkeit zur Hilfe.

Es sind die Botschaften aus der geistigen Welt oder dem Universum (wenn dieser Ausdruck für Dich annehmbarer ist), die uns Wege zeigen in Form von Farben, Bildern, Wörtern oder in ganzen Sätzen.

Auch Du, bist in der Lage, Blockaden in Dir zu lösen bzw. dieses zu erlernen.

Meinen Weg habe ich im Vorwort beschrieben.

Die Botschaften aus der geistigen Welt oder vom Universum empfängst Du, indem Du ehrlich zu Dir selbst bist und in der Stille auf Dein Herz hörst. Nimm Dir etwas Zeit für Dich und mache es Dir gemütlich. Freue Dich auf diese Zeit, in der Du nicht gestört wirst. Diese Zeit gehört nur Dir allein. Zünde Dir eine Kerze an. Wenn Du eine Frage oder ein bestimmtes Thema hast, so formuliere es oder schreibe es auf einen Zettel, den Du vor Dir hinlegst. Schließe Deine Augen oder schaue in die Flamme Deiner Kerze, atme ein paar Mal tief in Deinen Bauch hinein und konzentriere Dich weiter auf Deinem Atem.

Vielleicht ist es für Dich zunächst nicht einfach, Dich nur auf Deinem Atem zu konzentrieren. Zu Beginn kommen sehr oft viele Gedanken: was noch zu erledigen ist oder was Du unbedingt noch besorgen wolltest oder, oder, oder. Lasse alle Deine Gedanken zu und denke dann wieder daran, dass Du Dich jetzt nur auf Deinen Atem konzentrieren möchtest. Ein kleiner Tipp von mir, wenn Du durch die Gedanken zu sehr abge-lenkt werden solltest, sprich innerlich: ich atme ein, ich atme aus. Je tiefer und ruhiger Dein Atem wird, umso entspannter wirst Du. Und nur wenn Du entspannt bist und keine Gedanken mehr in Deinem Kopf kreisen, kannst Du die Botschaften empfangen. Nach einer gewissen Übungszeit, die bei jedem Menschen unterschiedlich ist, wirst Du Antworten wahrnehmen in Form von Farben oder Bildern oder hören. Diese Übung kannst Du im Wald, am Meer oder einen anderen Dir sehr angenehmen Ort durchführen. Es gibt keine Regeln.

Es ist auch schön für Dich, zu wissen: Jede Blockade, die Du in Deinem Leben löst, löst Du auch gleichzeitig für alle an der jeweiligen Situation beteiligten Personen und auch für Deine Kinder. Da sich dieser Prozess auf Seelenebene vollzieht, ist es immer zum höchsten Wohle aller und ein großes Geschenk.

Die Auflösung einer Blockade ist ein eigenständiger Prozess, der sich entwickelt und manchmal Geduld erfordert. Hier ist die Liebe zu Dir selbst sehr, sehr wichtig.

Wer hilft mir, wenn ich allein nicht weiter komme

Je nach Art des Problems gilt es hier abzuwägen.

Bei gesundheitlichen Problemen, Krankheiten steht immer an erster Stelle die Konsultation eines Arztes.

Andererseits gibt es ganz viele Möglichkeiten für Dich, um Hilfe zu finden. Höre einfach auf Dein Bauchgefühl.

Vielleicht hilft Dir autogenes Training, Yoga oder eine andere Entspannungsart, um mehr innere Ruhe und somit mehr Leichtigkeit für Dein Leben zu erlangen oder Du benötigst eine Form von Sport, sei es Ausdauersport oder Kraftsport, Musizieren, Malen.

Je nach Deinem Bedürfnis, was immer Dich zu Deiner Heilung führt.

Neben Meditationsgruppen oder auch Selbsthilfegruppen gibt es inzwischen sehr viele Menschen, die als Therapeut, Coach, Heiler oder ähnlichem tätig sind.

Immer ist es von höchster Wichtigkeit, einen für Dich seriösen Menschen zu finden, der Dich ein Stück Deines Weges begleitet. Auch bei dieser Auswahl höre auf Dein Bauchgefühl oder frage Dein Herz. Dort findest Du stets die richtige Antwort. Es muss sich für Dich gut anfühlen, dann hast Du Dich richtig entschieden.

Was ist ein Reading und wie kann es mir helfen

Sicher ist es interessant zu wissen: Jeder Einzelne kann es erlernen.

Wie bereits erwähnt, ist ein Reading eine Übermittlung von Botschaften aus dem Universum, von der geistigen Welt, von Deinem Schutzengel oder anderen lichtvollen Wesen oder auch von bereits Verstorbenen. Alle stehen in direkter Verbindung zu Deiner Seele. Durch Botschaften wird Dir immer ein wichtiger Impuls für Deine jetzige Situation gegeben. Die Ursache offenbart sich Dir und kann geheilt werden.

Des Weiteren ist es möglich, dass Dir Lösungswege übermittelt werden, wenn Du einmal nicht recht weißt, wie Du Dich bezüglich einer aktuellen Situation verhalten solltest.

Um dieses zu veranschaulichen, kannst Du an ein paar Beispielen zu durchgeführten Readings von mir zu unterschiedlichen Themen nachlesen.

Was ist Channeln

Beim Channeln versetzt sich eine Person in einen meditativen Zustand. Die eigenen Gedanken schiebt sie beiseite, sodass diese Person zum sogenannten Kanal (engl.: channel) für die empfangenen Botschaften wird. Die Person bringt die empfangenen Informationen und Bilder sprachlich zum Ausdruck, sodass sie für jeden Menschen verständlich sind. Auch bei einem Reading werden die Botschaften gechannelt. Alles und Jedes hat seinen eigenen Geist: Engel, lichtvolle Geistwesen, Verstorbene, Tiere usw.

Beispiele für Readings

Die Klientin, Mitte 40, hatte bereits mehrere Beziehungen und auch eine Ehe hinter sich. Aus keiner Beziehung ging ein Kind hervor, obwohl sie sehr gern Mutter geworden wäre. In einem Reading wollte sie erfahren, ob sie der Grund für die jeweiligen Trennungen war und falls ja, was sie in Zukunft ändern könnte.

Es zeigte sich, dass sie in jeder Beziehung viel mehr gab als sie vom Partner empfing. Sie konnte die entgegengebrachte Liebe des Partners nicht spüren. Da sie dieses nicht fühlen konnte, fühlte sie sich eingeengt in ihren bisherigen Beziehungen. Es war ein Ungleichgewicht zwischen Empfangen und Geben von Gefühlen entstanden. Ihre bisherigen Partner hatten nicht diese tiefen, wahren Gefühle für sie.

Die Botschaft war für die Klientin sehr stimmig.

Diese Klientin hatte große Angst vor dem Sterben. Sie war 50 Jahre und hatte das Gefühl, dass sie bald sterben würde. Sie stand seit Jahren in einem gefestigten Arbeitsverhältnis und war finanziell abgesichert. Auch war sie gesund. Es gab keinen Verdacht auf eine Erkrankung, die auf einen baldigen Tod hindeuten könnte.

Während des Readings durfte ich ihr sagen, dass sie in einem Leben, in dem sie 18 Jahre alt war, der Anblick von Verstorbenen sie sehr erschreckte und ängstlich machte. Durch diesen Schreck verbunden mit Angstgefühlen war ein Trauma entstanden, was sie bis heute begleitete und sich in der Form der Angst vor dem Sterben ausdrückte.

Die Klientin bestätigte, dass sie auf ihrem 18. Geburtstag ein Krematorium zu Studienzwecken aufgesucht hatte und viele Verstorbene in einem Raum sah. Sie erinnerte sich an das Unbehagen, und meine Antwort war für sie sehr stimmig

Für uns beide war es sehr schön, dass dieses Trauma aufgelöst werden konnte.

Eine weitere Klientin war sehr verzweifelt. In ihrer Ehe sah sie keine Zukunft. Ihr Mann trank, das Haus war noch nicht abbezahlt und sie selbst hatte keine Arbeit. Das Verhältnis zu den Eltern war alles andere als hilfreich, was sie zusätzlich sehr belastete. Vielmehr war das Gegenteil der Fall, da sie keinerlei Unterstützung erwarten konnte. Immer wieder dachte sie an keine gute Kindheit zurück; an die Bevormundungen und Kritisierungen der Mutter, so wie diese es zum jetzigen Zeitpunkt auch noch machte. Nie bekam sie Anerkennung für das, was sie tat. Von Liebe ganz zu schweigen.

Bei dem Reading wurde deutlich, dass die Ursache für das Verhalten der Mutter mit einem ihrer Vorleben zu tun hatte. Ihre Mutter wurde damals von ihrer Familie verstoßen, da sie ein Mädchen war. Sie war immer einsam und sehr arm. So erklärte sich das Verhalten der Mutter in abgeänderter Form ähnlich und auch die Klientin machte ähnliche Erfahrungen aufgrund des Karmas. Durch eine entsprechende Behandlung bessere sich das Verhältnis zwischen der Mutter und meiner Klientin wesentlich. Der Kontakt zur Mutter war für sie nun ausgewogen. Ihre Mutter konnte sich mit der Tochter, ohne Kritik auszuüben oder sie zu bevormunden, auf stimmiger Basis für beide Seiten, unterhalten.

Die Klientin war darüber sehr erfreut und konnte so das Verhalten der Mutter verstehen.

Bei meinem Hausputz war ich gedanklich bei meiner Freundin, da wir länger nichts voneinander gehört hatten. Plötzlich sprach ihre verstorbene Großmutter mit mir, ich solle ihrer Enkelin sagen, dass diese viel mit ihr reden solle, denn sie würde sie immer hören; nur die Enkelin würde zu selten mit ihr reden. Nun bat sie mich auf diesem Wege, ihrer Enkelin dieses mitzuteilen. Ich war leicht verwundert, da ich ja um gar keinen Kontakt gebeten hatte, und verstand nicht recht, was diese Botschaft zu bedeuten hatte. Ihre Großmutter ließ sich jedoch von meinen Gedanken nicht abhalten und sagte weiter, dass sie ihrer Enkelin zu gegebener Zeit antworten wird. Damit war die >>Unterhaltung<< mit der Großmutter meiner Freundin und mir beendet.

Zunächst überlegte ich, ob ich diese Botschaft weitergeben sollte, da meine Freundin mich nicht darum gebeten hatte. Schließlich entschloss ich mich und meine Freundin war mir sehr dankbar. Sie hatte gegenwärtig eine Entscheidung zu treffen und hatte ihr Problem auch schon ihrer Oma geschildert.

Wir waren uns einig, dass die Antwort dazu bald von ihrer Oma kommen wird.

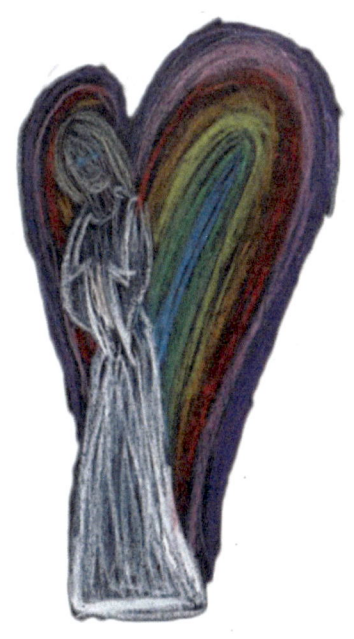

*H*ier handelte es sich um Schimmel, der sich an den Wänden in der Wohnung eines Ehepaares gebildet hatte. Das Ehepaar war bestrebt, den Grund für die Schimmelbildung zu erfahren.

Während des Readings wurden mir zu jeder Person unterschiedliche Ursachen übermittelt.

So hatte der Klient in einem seiner Vorleben ein Gelübde abgelegt, immer verschleiert zu gehen. Er verbarg somit seine Authentizität und Autorität, was sich in dem heutigen Leben mit wenig Mut und Optimismus äußerte.

Bei der Klientin zeigte sich ein Verhalten von Zwiespaltigkeit in einem ihrer Vorleben. Ihre damaligen Aussagen waren nicht immer ehrlich (verschleiert oder auch volksmündlich schwammig) waren. Ihr fehlte in dem früheren Leben der Mut, ihre Interessen durchzusetzen. Sie bestätigte mir eine gewisse Schüchternheit, manchmal verbunden mit Angst, sich gegenüber Autoritätspersonen zu äußern.

Beide Klienten fanden sich in dem Reading wieder.

Eine weitere Klientin teilte mir Folgendes zu ihrem Problem mit: Bei ihrer Mutter wurde vor einiger Zeit Krebs diagnostiziert und die Ärzte teilten mit, dass der gesamte Körper voller Metastasen sei und aus medizinischer Sicht alles getan sei. Daraufhin besuchte sie meine Klienten im Ausland.

Meine Klientin spürte wieder eine starke Wut in sich, hauptsächlich, weil ihre Mutter sehr wehleidig war und für sie keine Alternativmedizin infrage kam. Dadurch konnte sie für ihre Mutter kein Mitgefühl erwecken und war einfach nur wütend auf sie. Meine Klientin wollte die Ursache für dieses Wutgefühl wissen, da es sich bereits in körperliche Schmerzen und einer Gewichtszunahme ohne erkennbaren Grund zeigte.

Die Erkrankung der Mutter begründete sich auf einer mir gezeigten Situation, in der die Mutter Vergebung und Mitgefühl entwickeln sollte. Da dieses der Mutter nicht möglich war, zeigte es sich als Karma und wurde zur Lernaufgabe ihrer Tochter. Das Lernthema meiner Klientin erschloss sich als Vergebung der Mutter sowie Annahme der Situation, den Weg ihrer Mutter zu akzeptieren und sie zu unterstützen mit viel Verständnis und Liebe. Da meine Klientin nun die Ursache für das Verhalten ihrer Mutter kannte, war es ihr möglich, ihre Mutter die letzten Monate bis zum Termin der Euthanasie, für die ihre Mutter sich entschieden hatte, ohne Wut zu begleiten.

Schlusswort

Durch die Darstellung von Beispielen erkennst Du sicher die Bedeutung der Readings sowie die Bedeutung und Wirkung von Blockaden, Traumata o.ä. Nur durch das Lösen dieser führt der Weg in ein harmonisches Leben in Liebe und Fülle.

Das Universum hält immer Antworten für uns bereit. Einzig und allein müssen wir dazu bereit sein.

Ich hoffe, dass ich Dir einige Fragen beantworten konnte, und wünsche dir ein erfülltes Leben in Leichtigkeit.

Herzlichst
Brigitte Kröplin